AF608878

KERBER PHOTO

Room 125

Anja Engelke

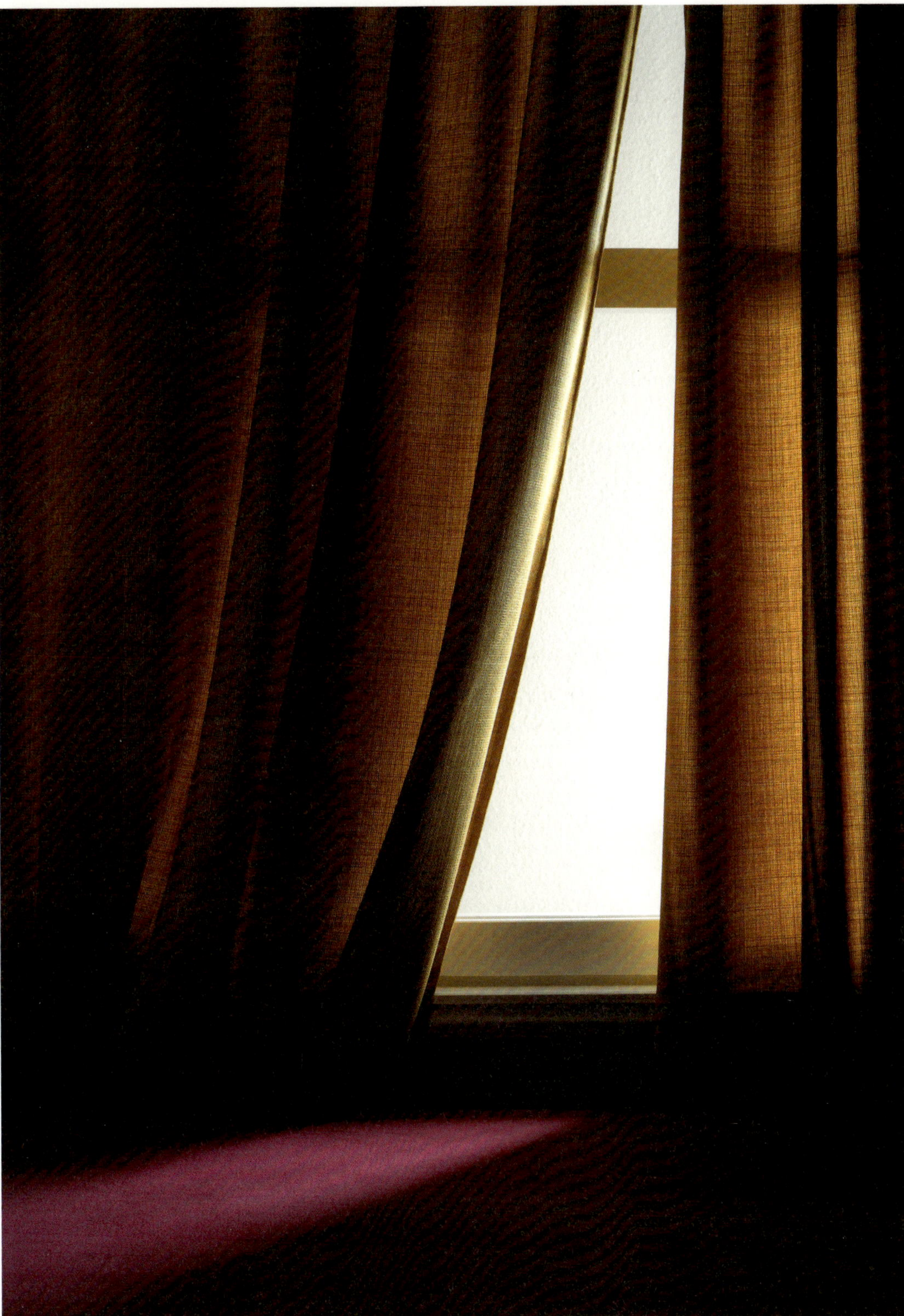

Bewunderung und Liebe
David Campany

Es gibt wohl kaum eine Schulklasse, die nicht im Kunstunterricht das örtliche Museum besucht, um sich vor ein Gemälde zu setzen und es abzuzeichnen. Dem postmedialen Konzeptkünstler von heute mag das „Studium der Meister“ etwas altmodisch erscheinen, doch es hat seine Berechtigung. Es entschleunigt und lässt uns die Dinge sorgfältig betrachten. Was aber sollten besagte Schulkinder tun, als man anfing, die Fotografie als Kunstform anzuerkennen und parallel zur Malerei auszustellen? Eine Fotografie abzuzeichnen, ergibt wenig Sinn, auch wenn es eine interessante Aufgabe sein kann. Was könnte ein „Studium der Meister“ für die Fotografie heißen? Nach ihrer Kanonisierung und Gegenkanonisierung werden bedeutende Fotografien mittlerweile selbstverständlich studiert.

Zunächst betrachten Fotografinnen und Fotografen die Arbeiten der von ihnen Bewunderten genau, *sehr* genau. Dann gehen manche hinaus in die Welt und schaffen ihre eigenen Bilder in der zuvor gesehenen Stilrichtung oder Machart. Das sollte man unterstützen, je getreuer, desto besser, denn es hilft, Einflüsse auf sinnvolle Weise aufzunehmen, zu verarbeiten und den nächsten Schritt zu gehen. Wer die Arbeit anderer nicht hinter sich lässt, riskiert, von ihr vereinnahmt zu werden.

Eine andere mögliche Richtung ist das Wiederaufgreifen. Ein Fotograf sucht den Ort auf, an dem die einflussreiche Fotografie aufgenommen wurde, und versucht sie nachzustellen. Das könnte recht sklavisch ausfallen oder einen eher kritischen oder allegorischen Ausdruck annehmen – wie eine „Aktualisierung“ vielleicht oder eine Neuinterpretation des Originals. Oder es könnte bedeuten, die Kamera auf die Originalfotografie zu richten und sie für das eigene Werk neu abzulichten.

In den letzten Jahren hat sich eine weitere Strategie entwickelt: das inszenierte Remake mit eigens gebauten Kulissen. Es könnte die umfassendste Methode sein, um als Künstlerin oder Künstler ein Bild – und die eigene Beziehung zu diesem Bild – zu erforschen und kennenzulernen.

Am 18. Juli 1973 mietete sich der US-Fotograf Stephen Shore im Westbank Motel in Idaho Falls, Idaho, ein. In Zimmer 125, um genau zu sein.

Er befand sich auf einem seiner zahlreichen Roadtrips, die er in den 1970er-Jahren unternahm. Oft fotografierte er seine Hotelzimmer, zum Teil als eine Art visuelles Tagebuch. Doch Hotelzimmer geben auch großartige Motive ab und haben in der Kunst, zumal in der nordamerikanischen, eine lange Geschichte. Und wer weiß, ob die Aufnahme, die Shore an jenem Tag machte, nicht den Werken anderer geschuldet war? Edward Hopper oder Walker Evans womöglich, die herausragende Bilder von Hotelzimmern schufen. Genauer betrachtet, bieten Hotelzimmer dem Blick und der Kamera eine besondere Szenerie. In den engen, meist mit einem Fenster ausgestatteten Kammern ist alles vertraut und doch fremd. Das Licht, der Platz, die Gegenstände, die Stoffe. Der Raum gehört einem für eine Weile, und ihn zu fotografieren, kann diese vorübergehende Inhaberschaft bestätigen. Jedes Mal, wenn man in einem Hotelzimmer wohnt, ist das Ritual das gleiche, aber der Raum ein anderer. Jedes Hotelzimmer ist eine Art Remake, und jede Fotografie davon ebenfalls.

1973 wussten nur wenige Menschen Shores Fotografien zu würdigen. Sie schienen zu banal. Nicht künstlerisch genug. 1982 gab Shore den Bildband *Uncommon Places* heraus, der 49 Aufnahmen von seinen Roadtrips enthielt, obwohl er mehrere Hundert Fotos aufgenommen hatte. In den darauffolgenden Jahren wurde sein Projekt in verschiedenen Büchern umso ausführlicher behandelt. Mit zunehmender Wertschätzung hat sich *Room 125, Westbank Motel, Idaho Falls* zu einer seiner meistbewunderten und meistgeliebten Fotografien entwickelt.

„Bewunderung" hat etwas Kontrolliertes und Bewusstes an sich. Eine rationale Einschätzung vielleicht und eine gewisse Distanz. „Liebe" impliziert etwas Irrationales, eine Kraft, die die Distanz auflöst und die sich nicht wirklich erklären lässt. Der Kunstgeschichte und der Kritik fällt es schwer, über die Liebe zu sprechen, die man möglicherweise für ein Bild empfindet, speziell für eine Fotografie. Dennoch *werden* Fotografien häufig geliebt. Zu behaupten, dass die Bewunderung einer Fotografie eine formale Beurteilung einschließt, ist verlockend. Aufbau, Bildauflösung, Farbe, Tonalität. Ebenso verlockend ist die Behauptung, dass die Liebe etwas anderes einschließt – eine imaginäre Verbindung zu dem, was „in" dem Bild oder der von ihm gezeigten Situation verborgen liegt. Eine Überidentifikation, wie man in der Psychoanalyse sagt. Ich bin nicht sicher, ob sich Bewunderung und Liebe wirklich auf diese Weise trennen lassen, insbesondere in unserer Beziehung zu Fotografien und ihrem ausgeprägten Illusionismus, aber ich lasse die Frage offen.

Ich vermute, Anja Engelke liebt und bewundert Stephen Shores Foto dieses speziellen Zimmers, denn es hat sie zu einem Remake inspiriert – nicht nur von der Fotografie, sondern auch von dem Raum, der darauf abgebildet ist. Ich hätte sie fragen können, ob sie die Requisiten und Stoffe angefertigt oder gefunden hat, doch Nichtwissen ist ein Teil des Sehvergnügens, also habe ich es gelassen. Sie rekonstruiert das Zimmer und ergänzt es. Sie fotografiert es aus der gleichen Position wie Shore *sein* Zimmer und bietet uns zusätzliche Ansichten an, denn jetzt ist es ihr Zimmer. Dabei erweitert sie die Situation, fügt neue Requisiten hinzu, zeigt den Raum zu verschiedenen Tageszeiten. Sie geht über Stephen Shores Blick und Standpunkt hinaus, um ihre eigene Sicht und Perspektive zu erforschen.

Ich schreibe diese Worte in einem Hotelzimmer nieder. Es ist heller Tag, und ich sitze auf dem Bett. Zufällig ist das Zimmer goldgrün. Links gibt es ein Fenster, vor mir an der Wand wurde ein Plasmafernseher angebracht. Mein Laptop liegt auf meinen Beinen, und über den Bildschirm hinweg kann ich meine schmutzigen Turnschuhe sehen. Auf dem Nachttisch liegt mein Exemplar der *Poetics of Cinema* von Raúl Ruiz. Gerade habe ich seinen bemerkenswerten Essay „Images of Images" noch einmal gelesen. Ruiz fordert den Leser auf, sich eine totalitäre Gesellschaft vorzustellen, in der nur ein Gemälde erlaubt ist – ein Porträt des Präsidenten. Die einzige in dieser Gesellschaft gestattete künstlerische Tätigkeit ist das Kopieren dieses Gemäldes. Ein frustrierter Künstler beschließt, sich auf nur ein Prozent des Gemäldes zu konzentrieren – einen Ausschnitt von der Nase des Präsidenten. Auf diese Weise gelingt es ihm, Details zu ergänzen, die im Original fehlen. Er fertigt Hunderte dieser Ein-Prozent-Gemälde an, bevor er schließlich stirbt. In der Hoffnung, sie zu einem einzigen Porträt von unübertrefflicher Wirklichkeitsnähe und Autorität zu verbinden, tragen Anhänger des Künstlers alle Gemälde zusammen. Doch sie stellen fest, dass der Künstler den Präsidenten aus Hunderten von geringfügig verschiedenen Richtungen gemalt hat. Das Ergebnis mutet kubistisch an. In dieser Gesellschaft ist Kubismus verboten, da er nicht eine Haltung impliziert, sondern viele. Dann, eines Tages, findet einer der Anhänger heraus, dass die Gemälde, wenn man sie fotografiert und wie einen Film mit 24 Bildern pro Sekunde abspielt, den Eindruck eines Rundgangs um den Kopf des Präsidenten erzeugen. Der Künstler hatte sich von dem kopierten Werk gelöst und dabei sowohl eine originalgetreue Hommage als auch ein völlig neues Kunstwerk geschaffen.

Glücklicherweise leben wir nicht in einer vollkommen totalitären Gesellschaft. Wir haben die Wahl. Dennoch können bestimmte Kunstwerke uns fesseln, uns ergreifen. Und in der Liebe und Bewunderung, die wir für sie hegen, können sie uns überwältigen. Der einzige Ausweg besteht darin, dies zu akzeptieren, nicht passiv, sondern aktiv. Um uns zu retten, müssen wir tief eintauchen.

Admiration and Love
David Campany

Part of most high school art education involves a trip to the local museum, to sit in front of a painting and draw it. 'Studying the masters' might be a little old-fashioned for the latest post-medium conceptual artist, but it has its place. It slows you down and makes you consider things carefully. When photography began to be accepted as art and exhibited alongside painting, what were those school children meant to do? Drawing a photograph doesn't quite make sense, although it can be an interesting task. What might 'studying the masters' mean for photography? Now that it has been canonised, and counter-canonised, great photographs clearly do get studied.

In the first instance, photographers look closely, *very* closely, at the work of those they admire. Some then head into the world to make their own images in the style or manner they have observed. This is to be encouraged, and the more literally the better. It is a useful way to meaningfully accommodate influences and move on. If one doesn't come to terms with the work of others, one risks getting trapped by it.

Another possible direction is revisiting. A photographer goes to the place where the influential photograph was taken and attempts to retake it. This could be quite slavish, or it could involve something more critical or allegorical – an 'update' perhaps, or a reimagining of the original. Or, it could involve simply pointing one's camera at the original photograph and, almost literally, 'taking it'.

In recent years another strategy has emerged: remaking in ways that involve set building and staging. This might be the most comprehensive way in which an artist can explore and come to know an image and their relation to it.

On 18 July 1973 the North American photographer Stephen Shore was staying at the Westbank Motel, Idaho Falls, Idaho. In Room 125, to be precise. He was on one of the many road trips he took that decade. He often photographed his hotel rooms. Partly it was a kind of visual diary, but hotel rooms make for great images and have a long history in art, particularly North

American art. And who is to know if the photograph Shore made that day was not indebted to the work of others? Edward Hopper or Walker Evans, perhaps, both of whom made exceptional images of hotel rooms. More profoundly, hotel rooms offer something particular to vision and to cameras. They are tight chambers, usually with one window, in which everything is familiar and yet different. The light, the space, the objects, the fabrics. The room is yours for a while, and photographing it can affirm that temporary ownership. Every time you stay in a hotel room, the ritual is the same but the space has changed. Every hotel room is a kind of a remake, and every photograph of it is a kind of remake too.

In 1973 not many people appreciated Shore's photographs. They seemed too banal. Not artistic enough. In 1982 he published the book *Uncommon Places*. It contained forty-nine of his road trip images, but he had made several hundred, and in the years since various books have expanded upon his project. As the appreciation has grown, *Room 125, Westbank Motel, Idaho Falls* has become one of his most admired and loved photographs.

'Admiration' implies something cool and measured. A rational assessment, perhaps, and a little distant. 'Love' implies something irrational, a force that dissolves the distance and cannot quite be accounted for. Art history and criticism have a hard time talking about the love one might feel for an image, particularly a photograph. Nevertheless, photographs *are* often loved.

It is tempting to say that the admiration of a photograph involves a formal judgement. Composition, pictorial resolution, colour, tonality. And it is tempting to say that love involves something else – an imaginary connection to what is 'in' the image, or the situation it depicts. An over-identification, as they say in psychoanalysis. I am not sure admiration and love can really be separated this way, especially in our relation to photographs with their strong illusionism, but I leave the question open.

I suspect Anja Engelke admires and loves Stephen Shore's photograph of that particular room, and she has remade it. Not just the photograph, but the room that is its subject. I could have asked her whether she made or found the props and fabrics, but not knowing is part of the pleasure of looking, so I didn't. She reconstructs the room but adds to it. She photographs it from the same position Shore photographed *his* room, and she offers us other views too, because it is now her room. In doing so she expands the situation, adding new props, depicting the room at different times of day. She goes beyond Stephen Shore's vision and point of view, to explore her own.

I am writing these words in a hotel room. It is daytime and I am on the bed. By coincidence, the room is a golden green. There is a window to the left and a plasma TV mounted to the wall in front of me. My laptop rests on my legs, and beyond its screen I can see my dirty sneakers. On the bedside table is my copy of *The Poetics of Cinema* by Raúl Ruiz. I have just reread his remarkable essay 'Images of Images'. Ruiz asks the reader to imagine a totalitarian society in which only one painting is allowed – a portrait of the president. The only artistic activity permitted in this society is the copying of this painting. One frustrated artist decides to focus on just one per cent of the painting – a fragment of the president's nose. Working in such a way, the artist permits himself to add details that are missing in the original. He goes on to make hundreds of these one per cent paintings, and then dies. Followers of the artist gather all the paintings in the hope of combining them to produce one single portrait of unsurpassable realism and authority. But they find the artist has painted the president from hundreds of slightly different angles. The result looks Cubist. In this society, Cubism is outlawed since it implies not one attitude but many. Then, one day, one of the followers works out that if the paintings are photographed and projected like a movie, at twenty-four frames per second, they give the impression of a tour around the president's head. The artist had departed from the work he was copying, but in doing so he had produced both a faithful homage and an entirely new work of art.

Fortunately, we do not live in a completely totalitarian society. We have choices. Nevertheless, certain artworks can take hold of us, seize us. And in our love and admiration for them, they can overpower us. The only path is to accept this, not passively but actively. To get out, one must go in deeper.

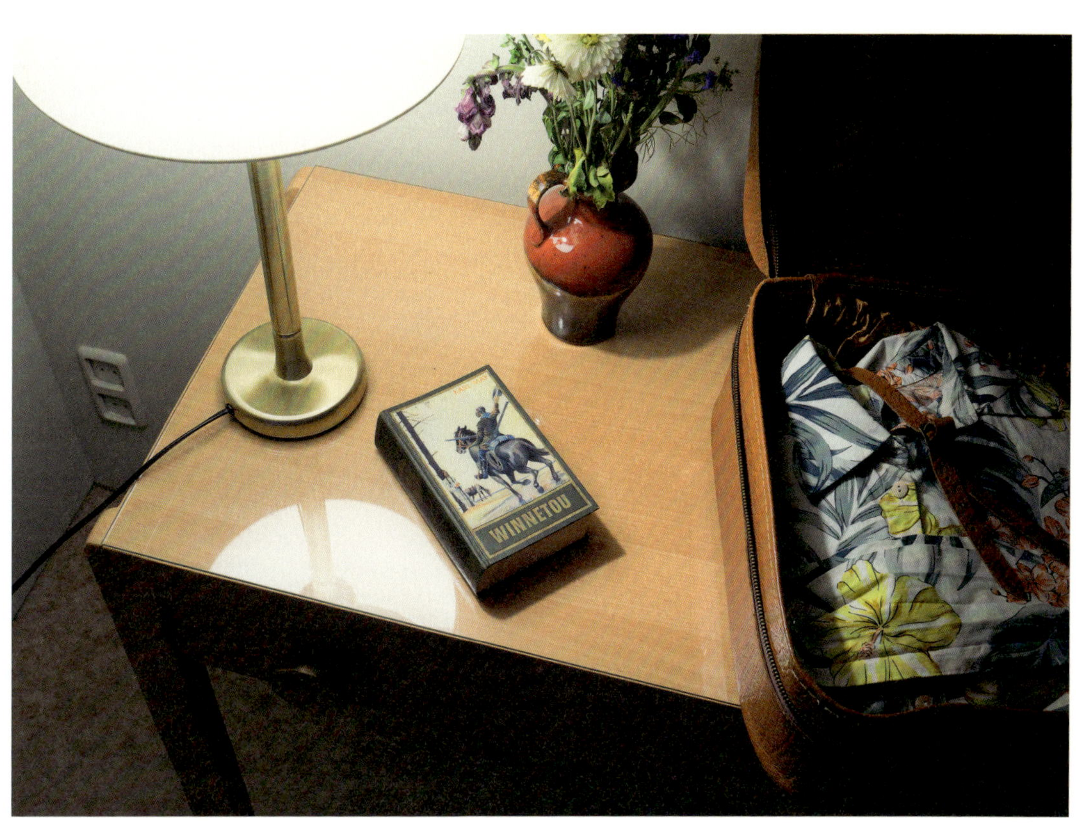
WINNETOU

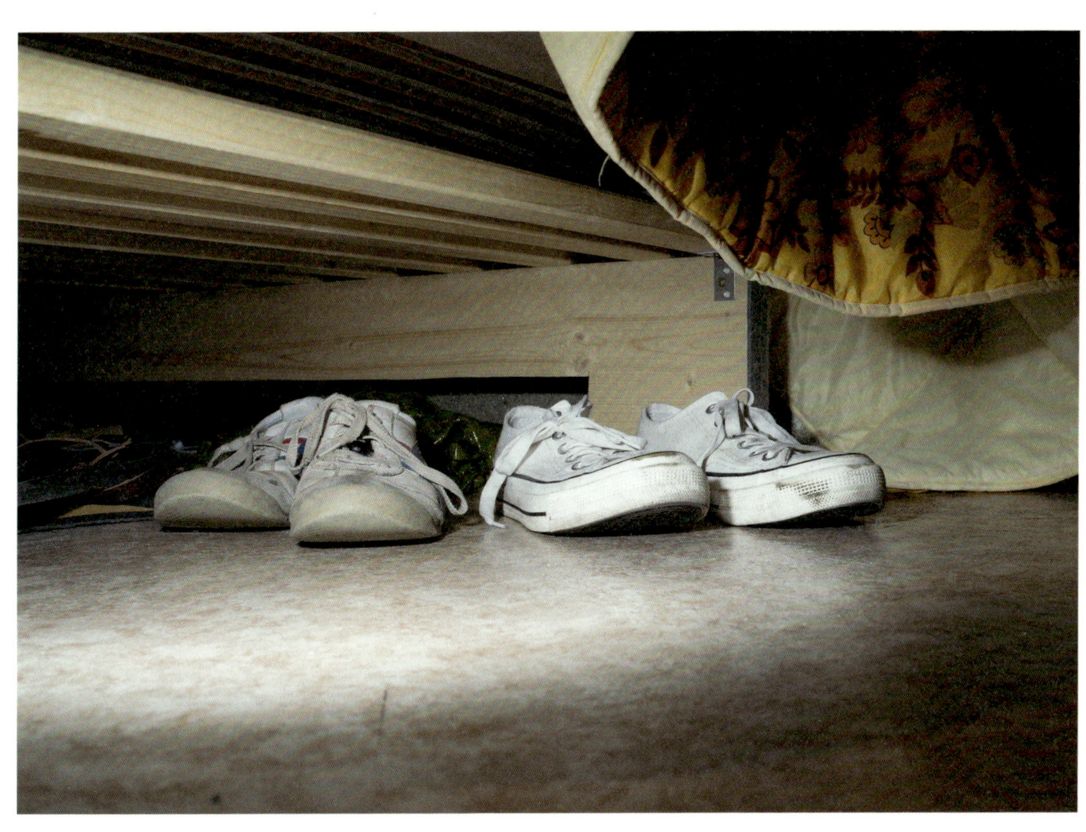

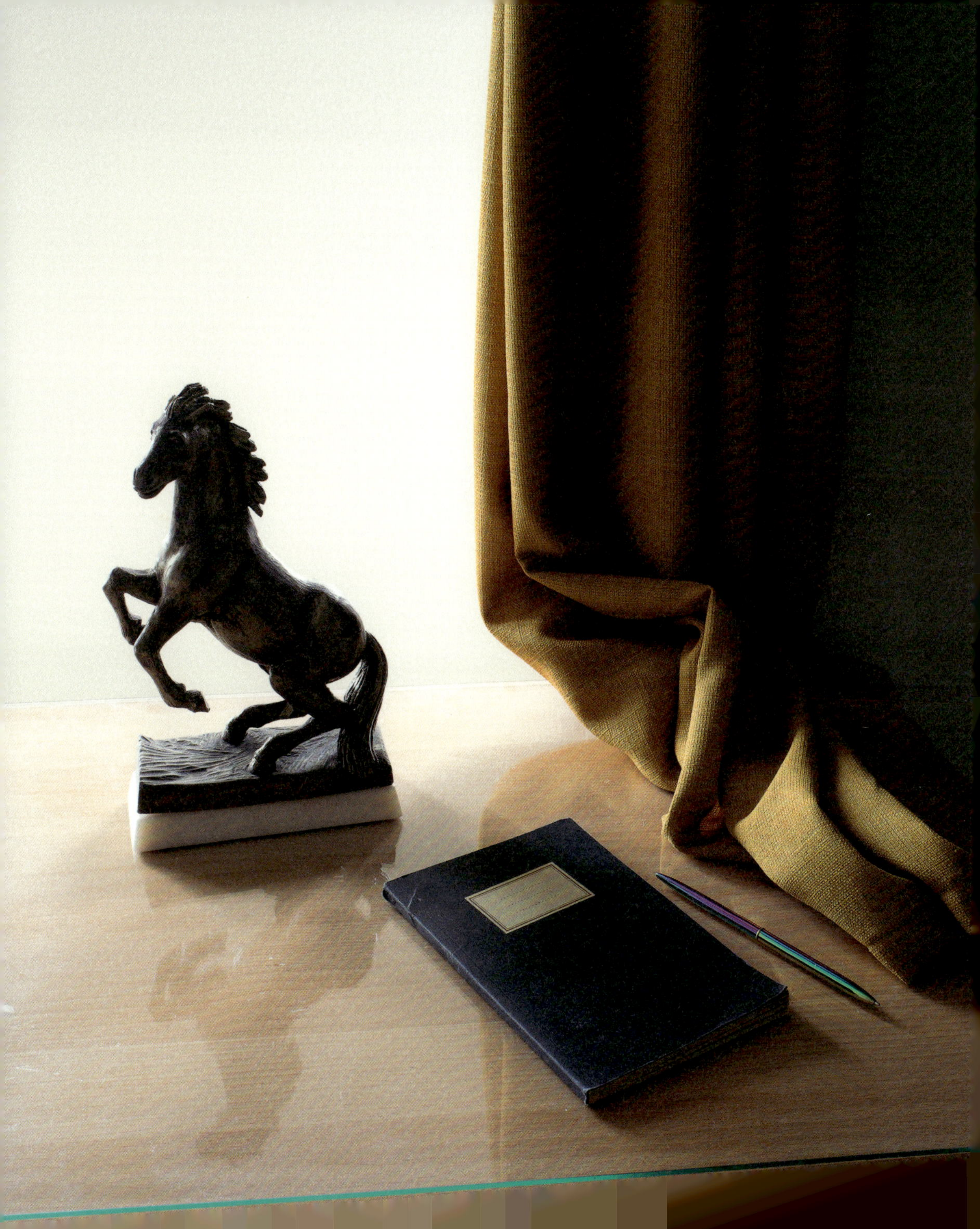

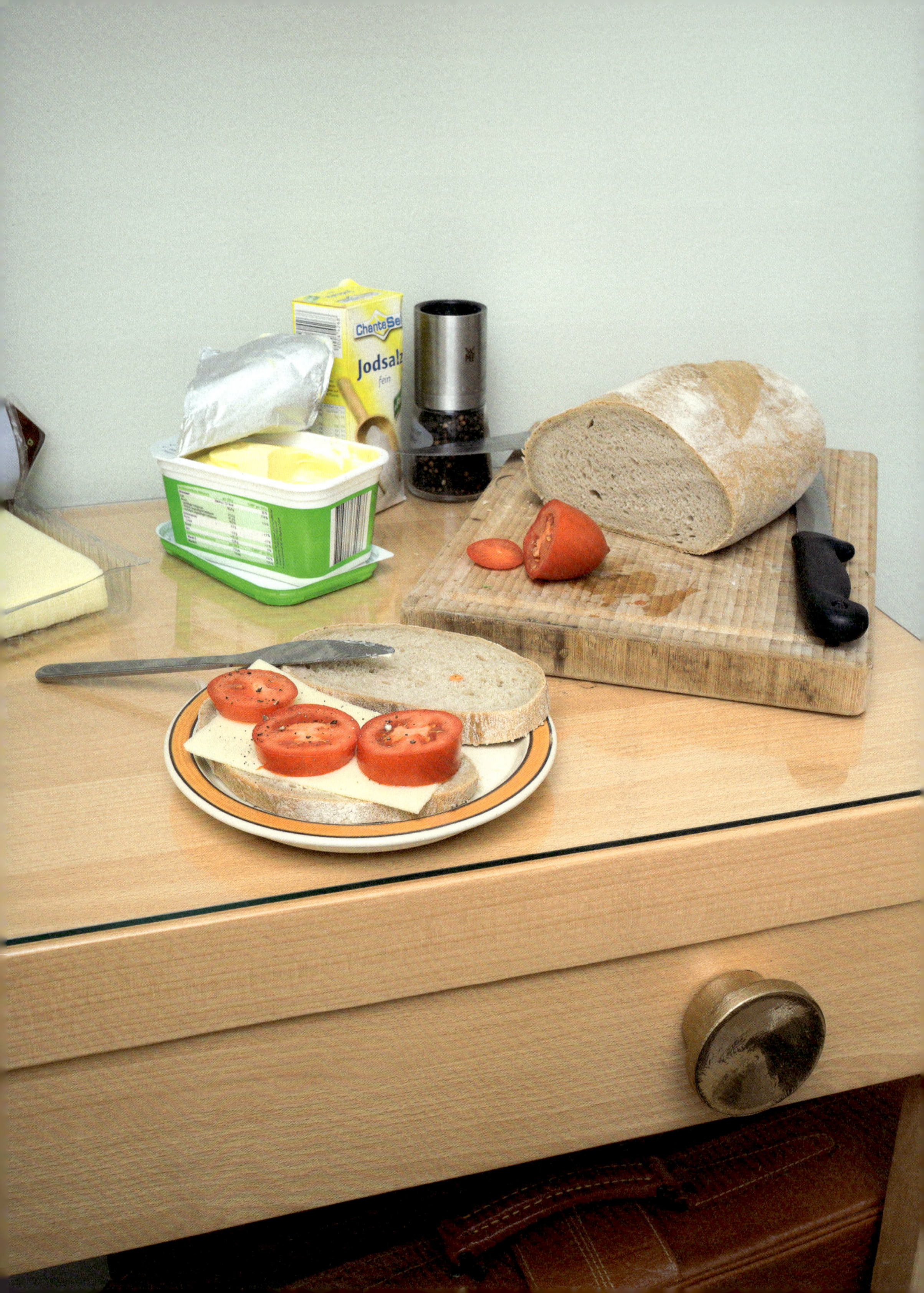
ChanteSel
Jodsalz
fein

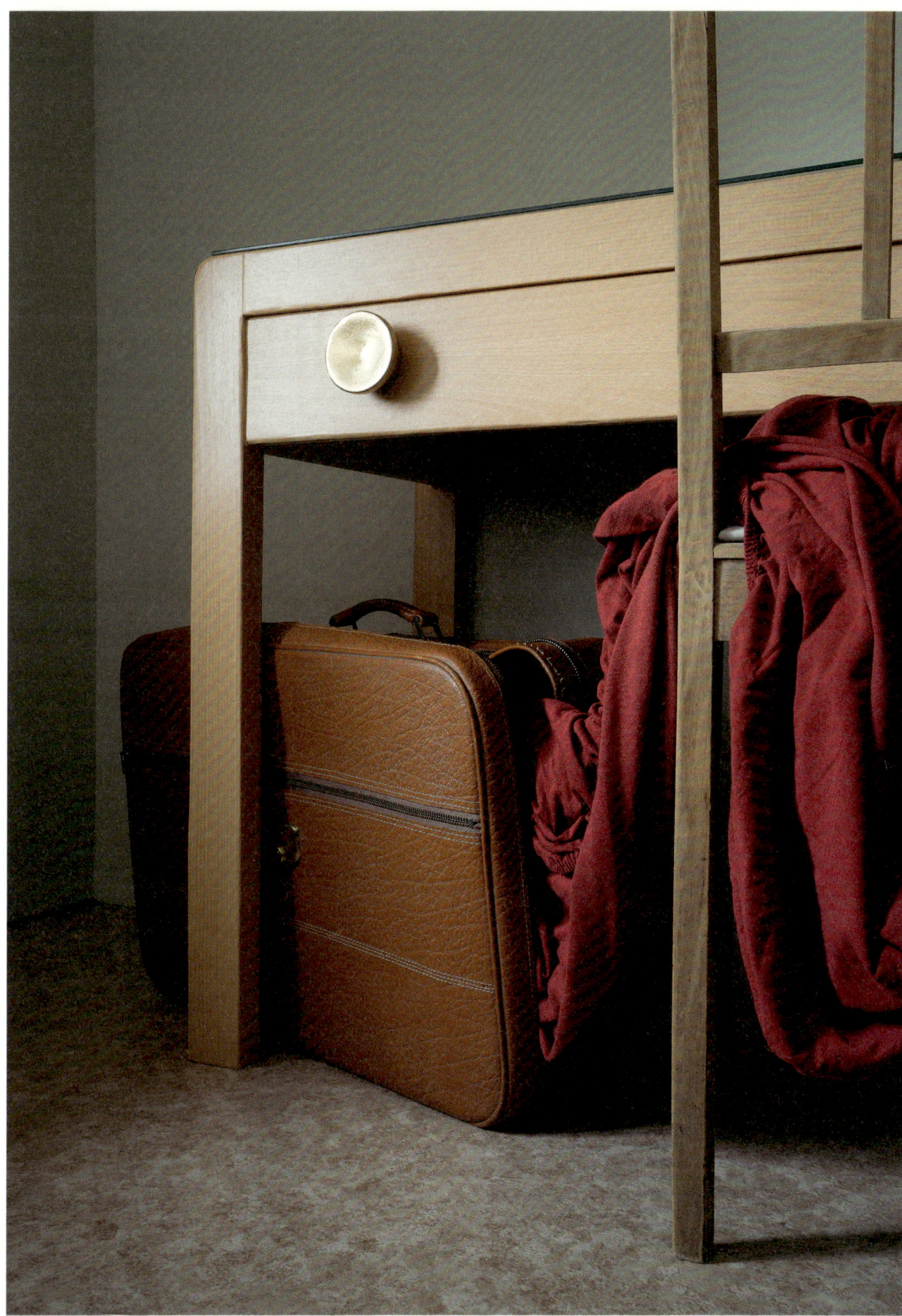

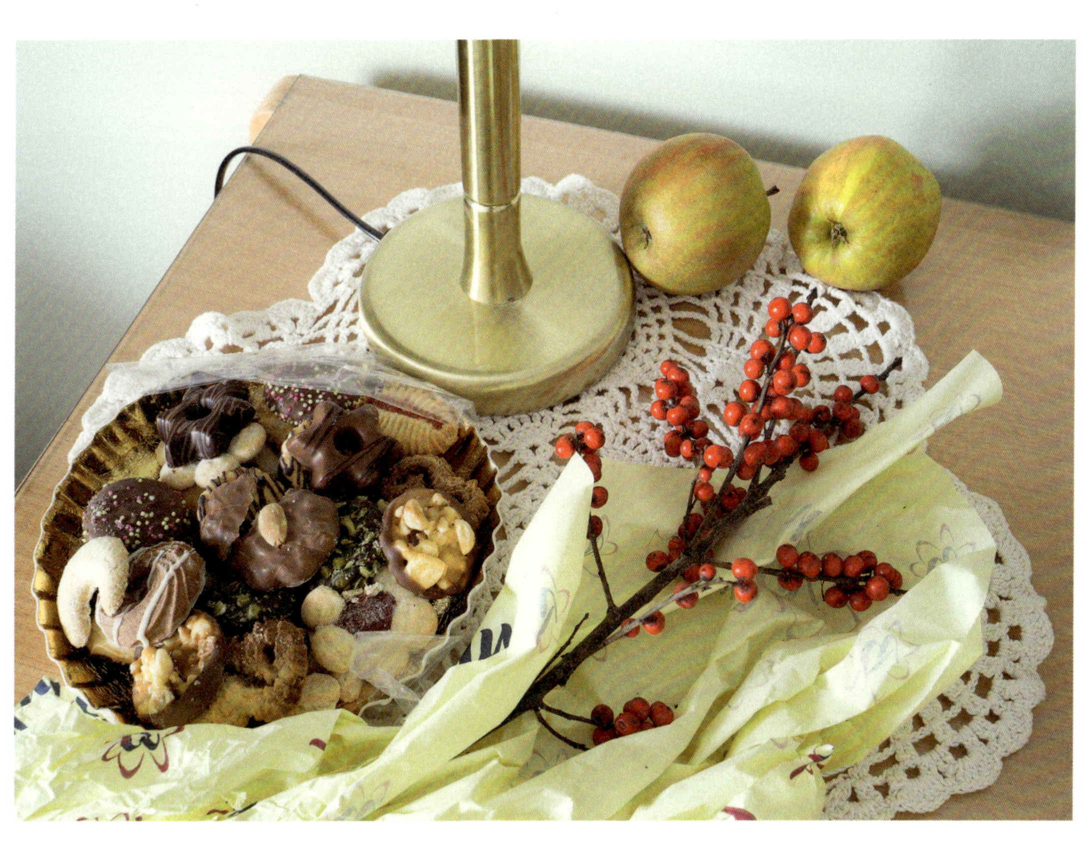

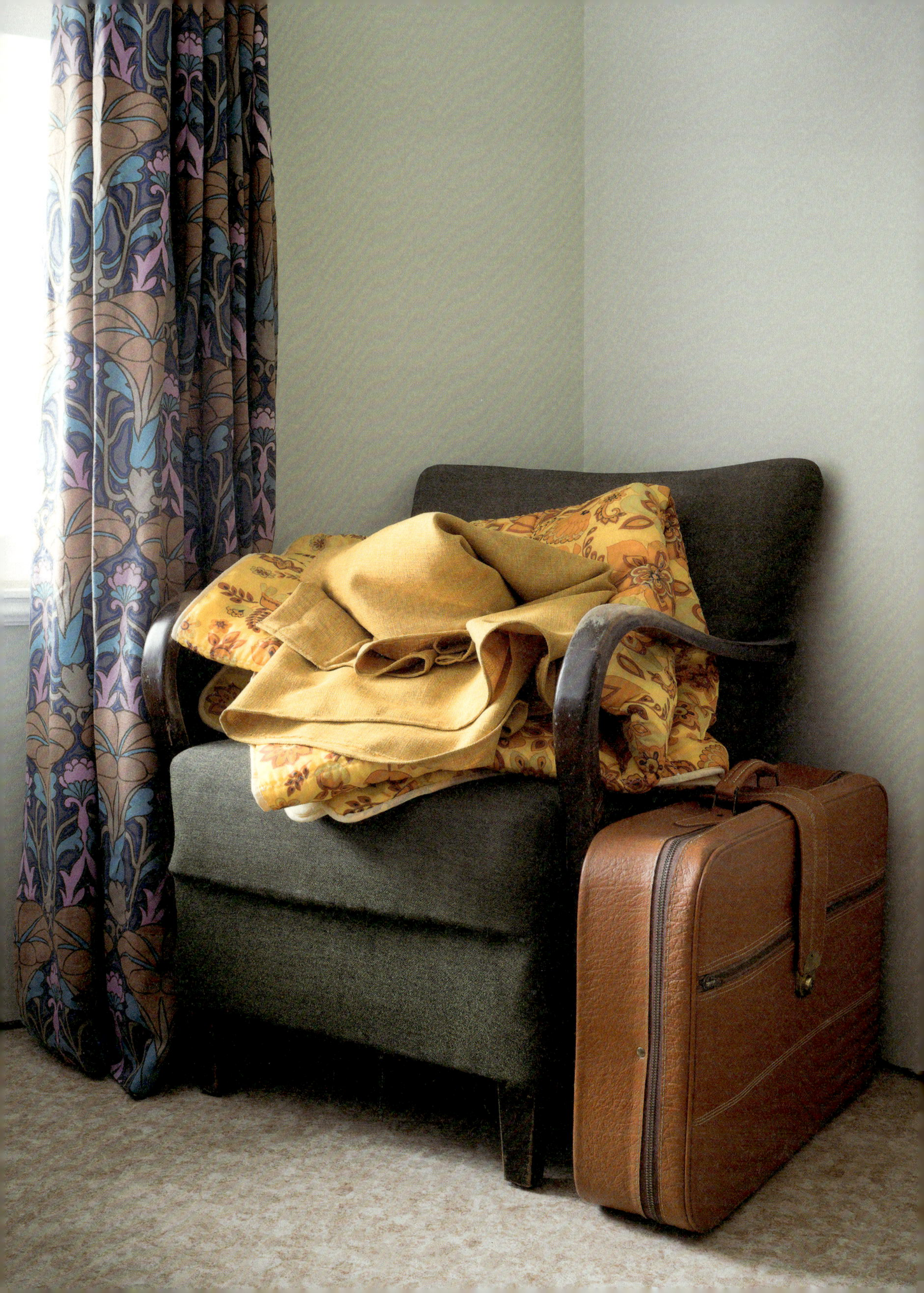

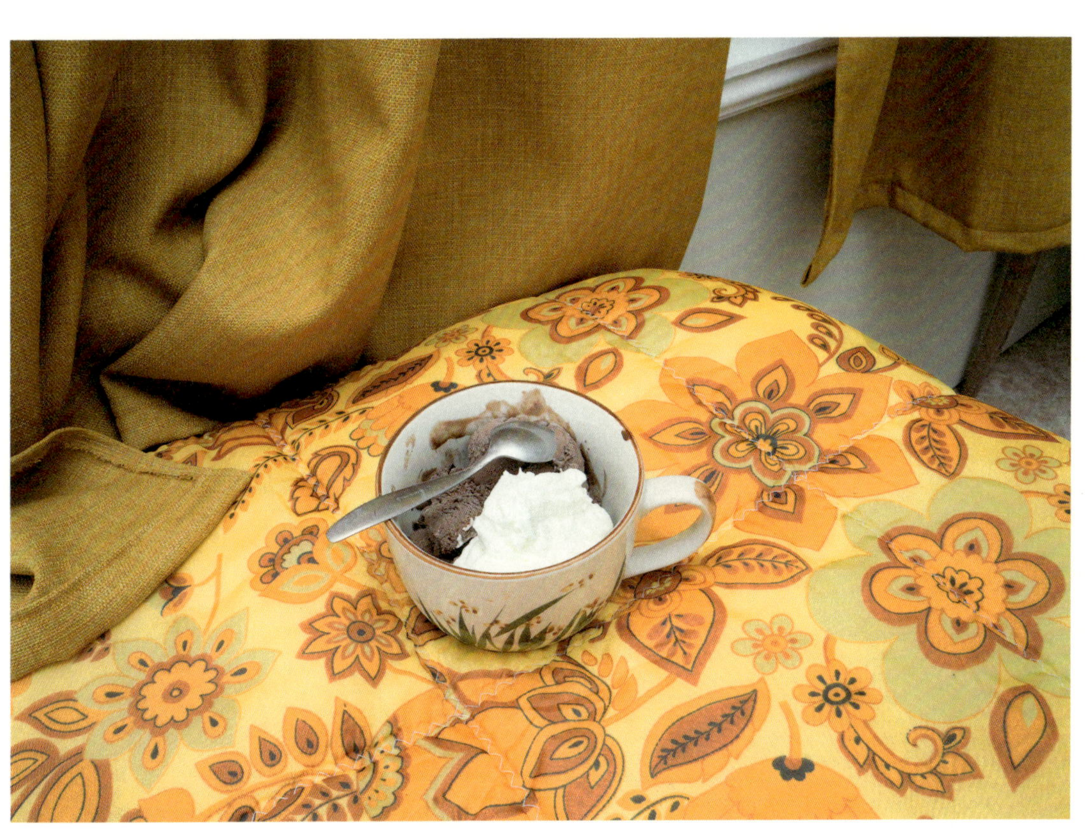

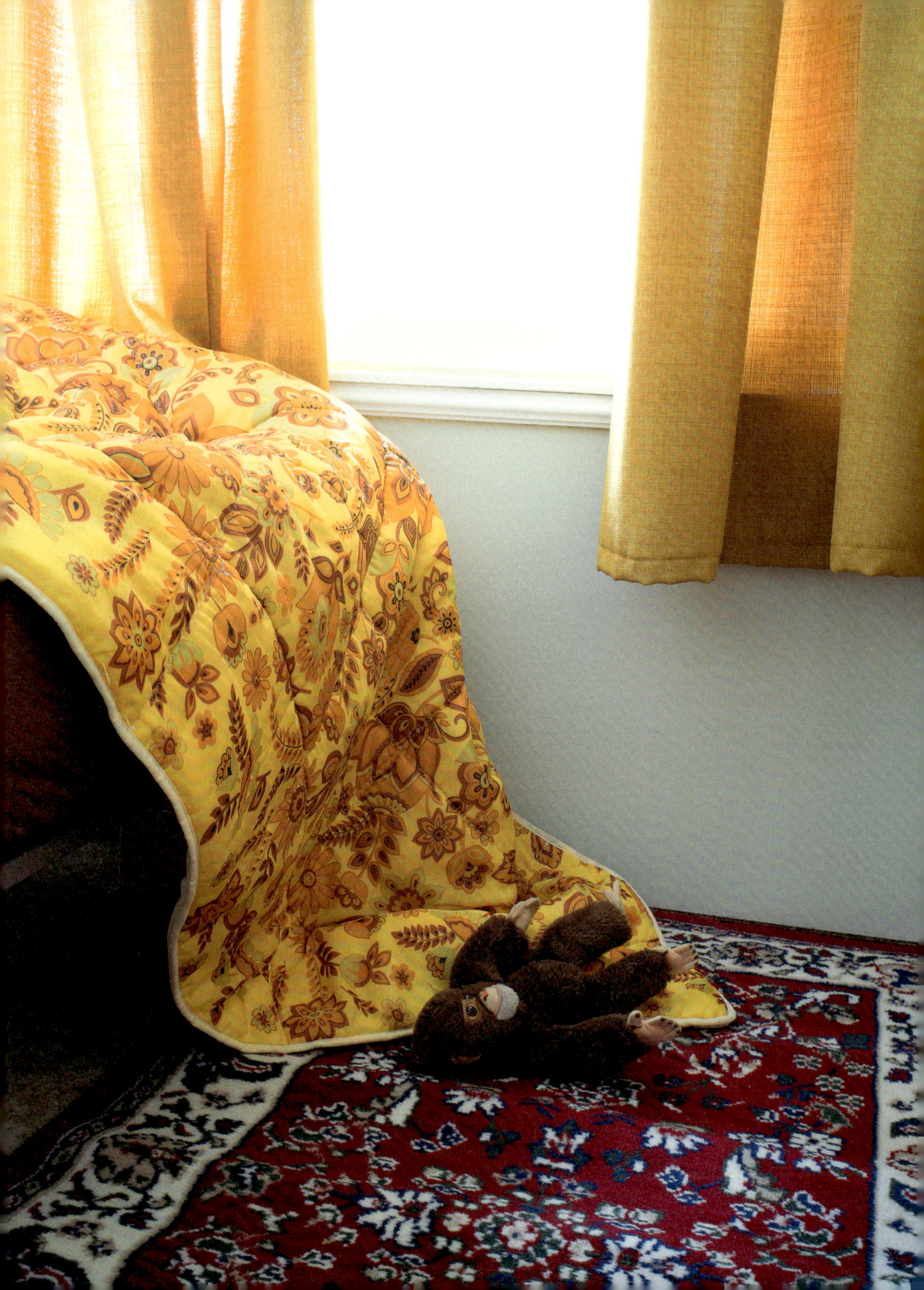

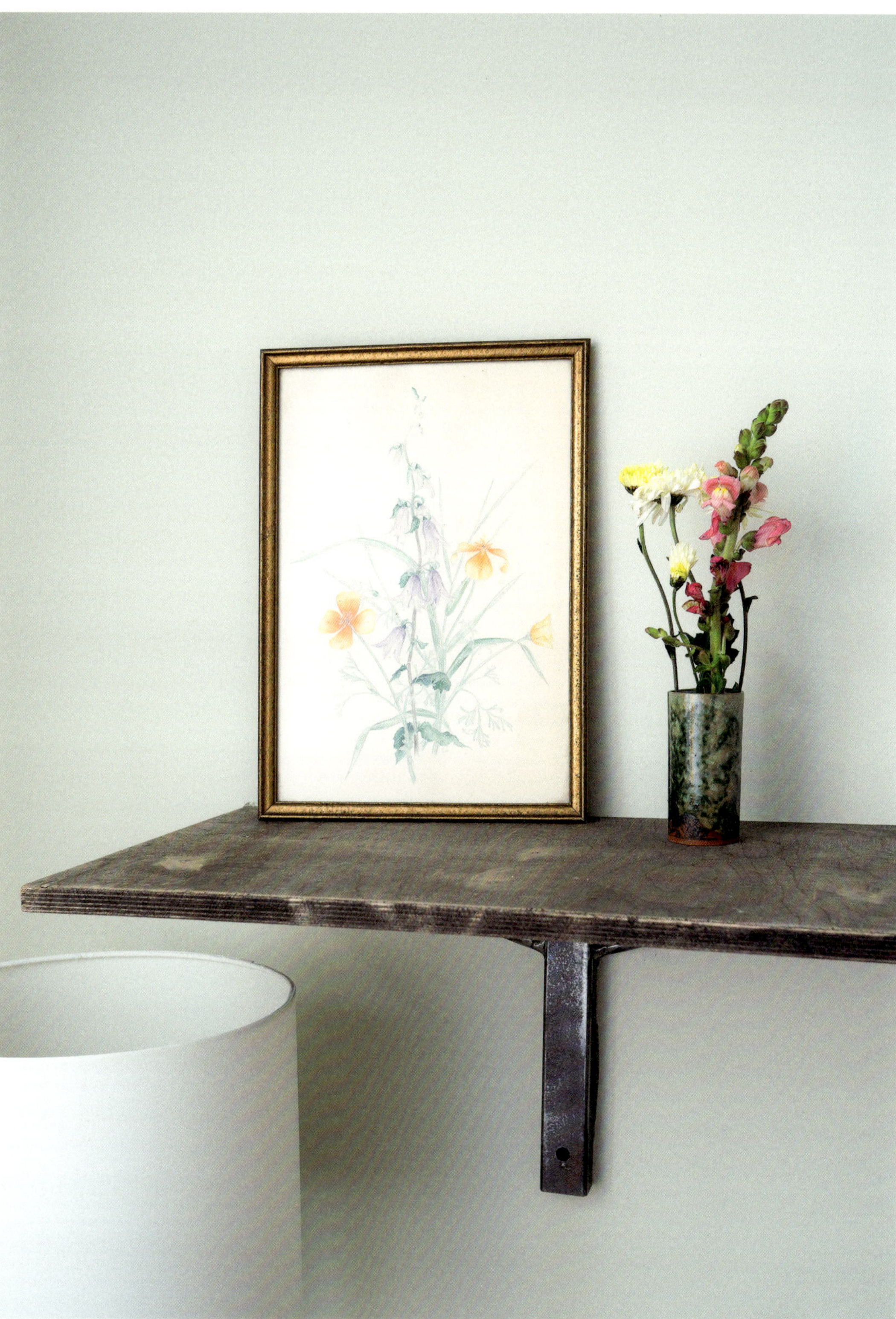

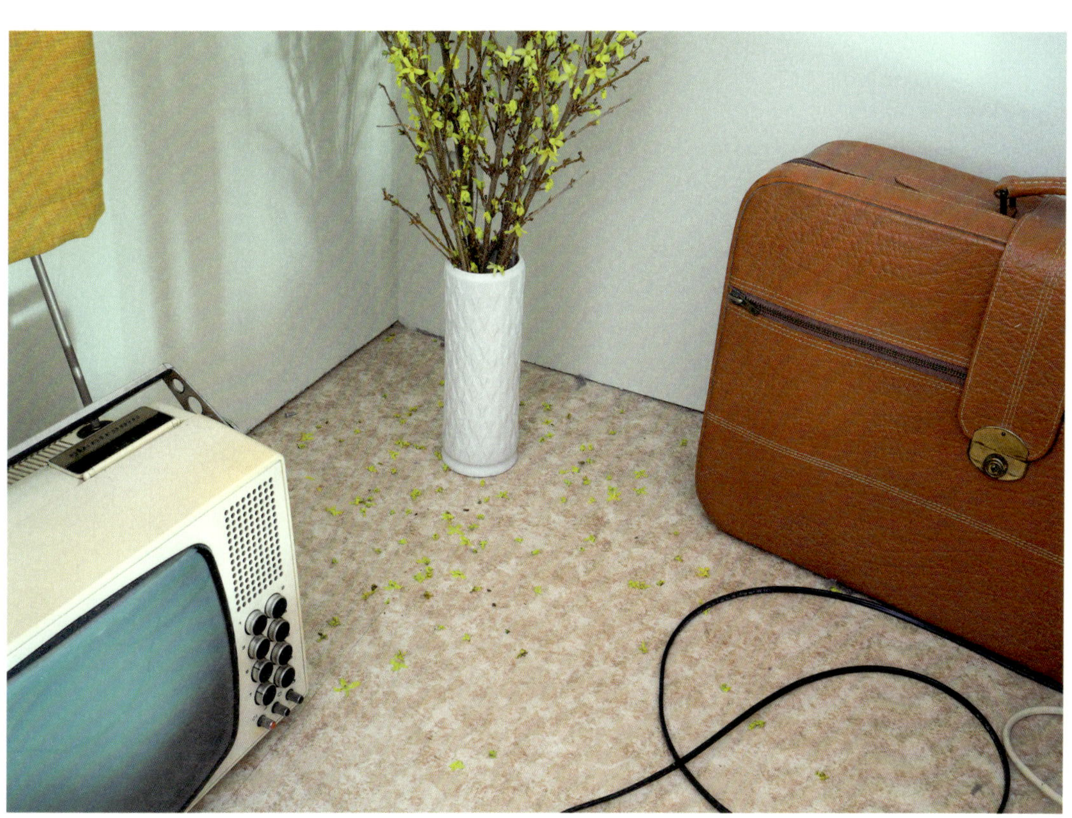

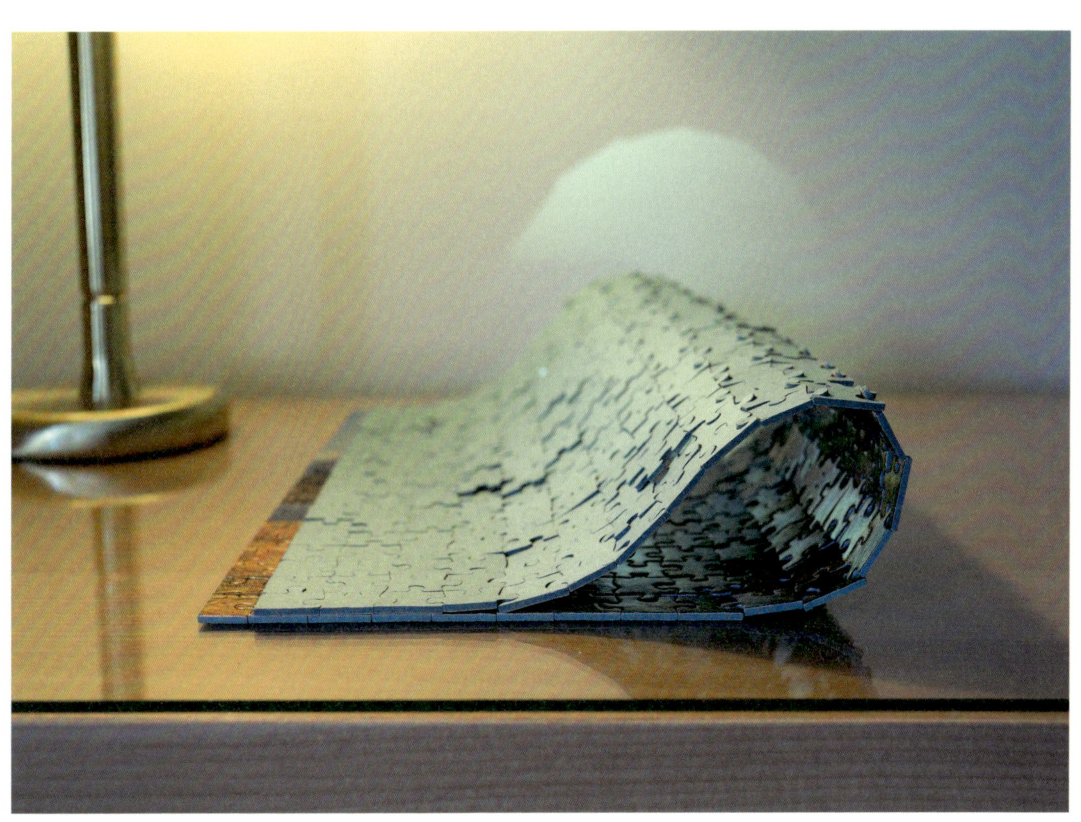

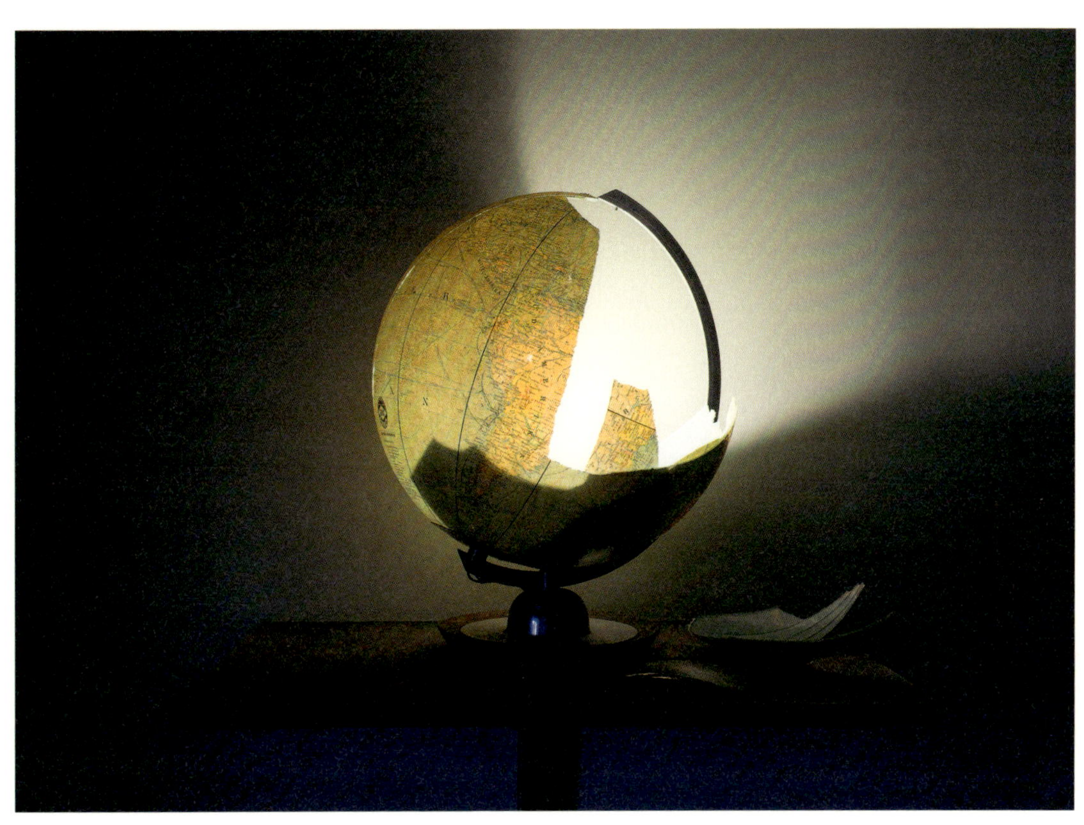

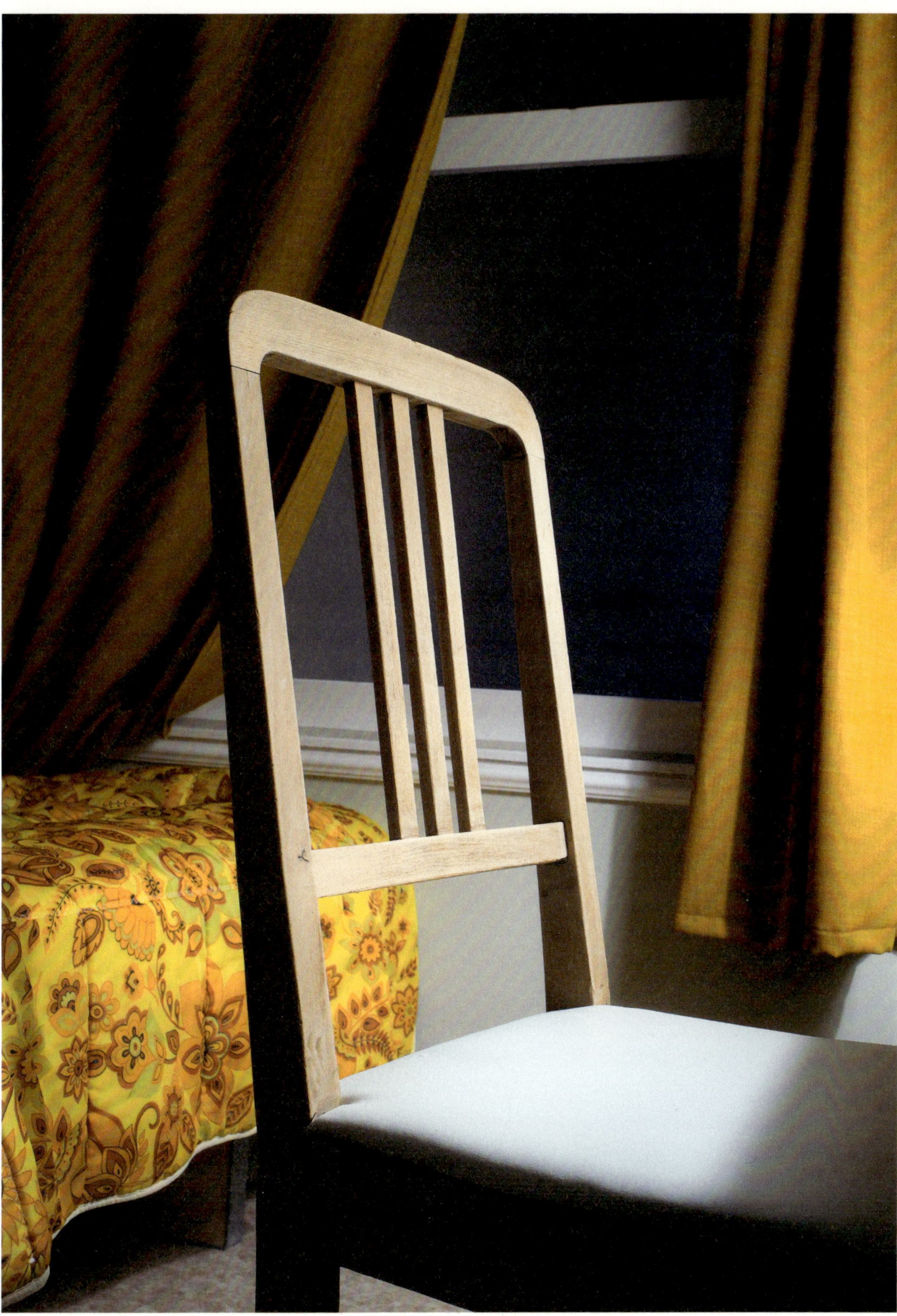

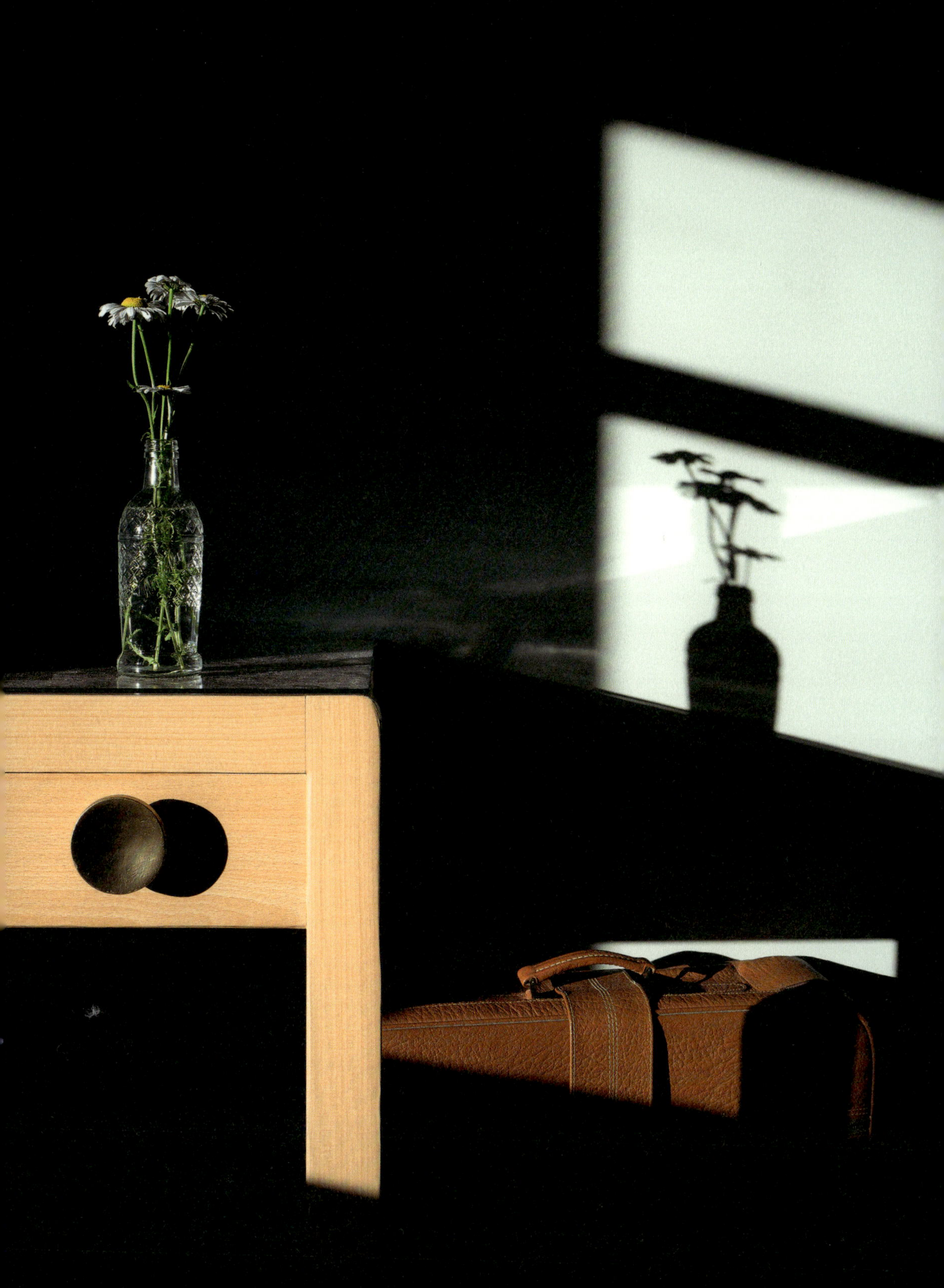

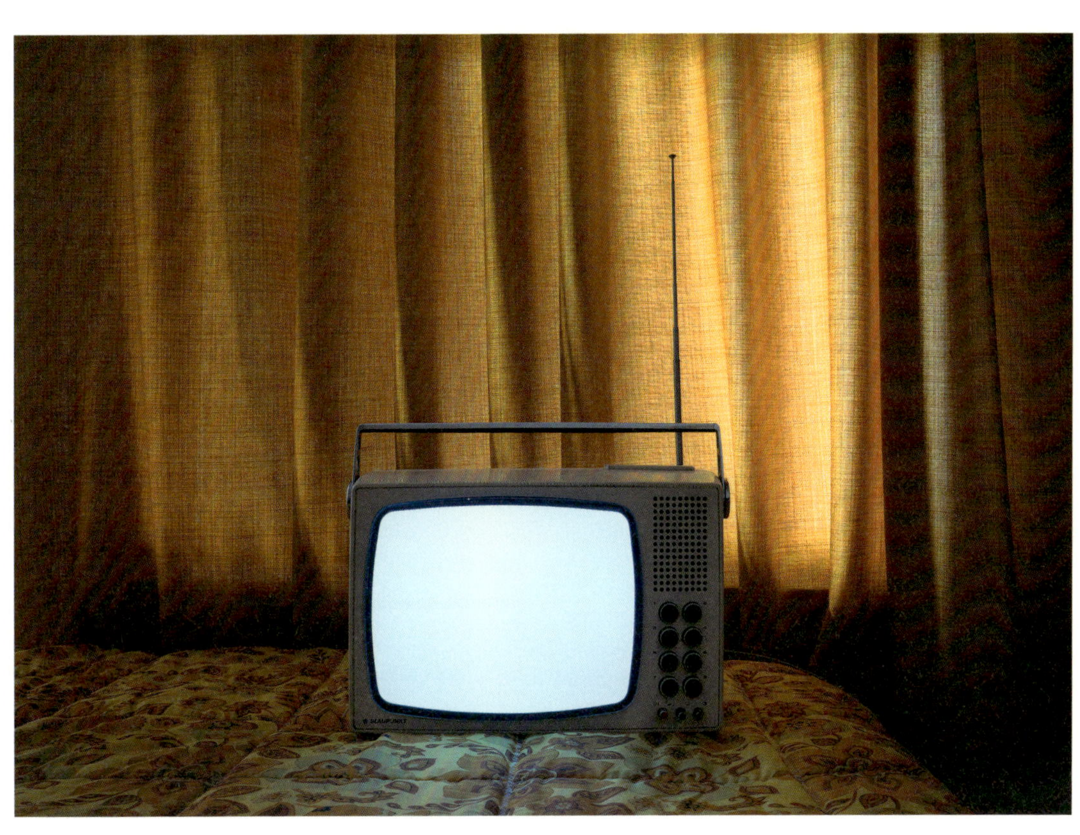

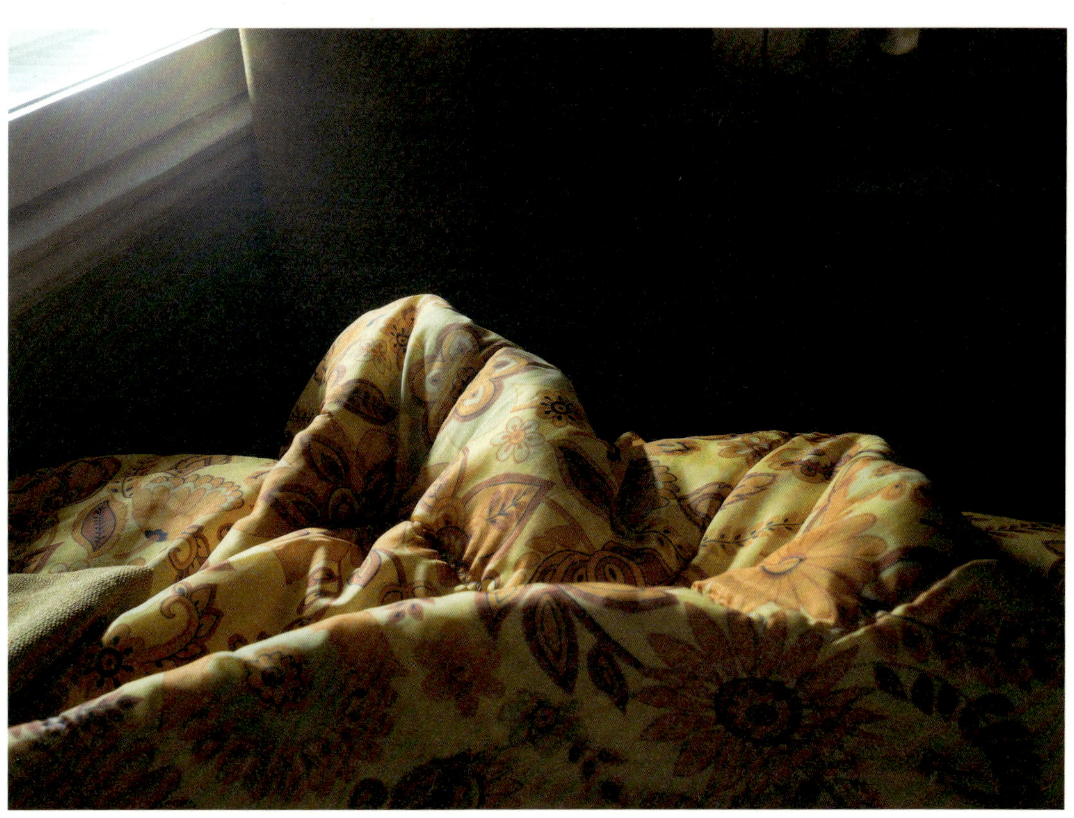

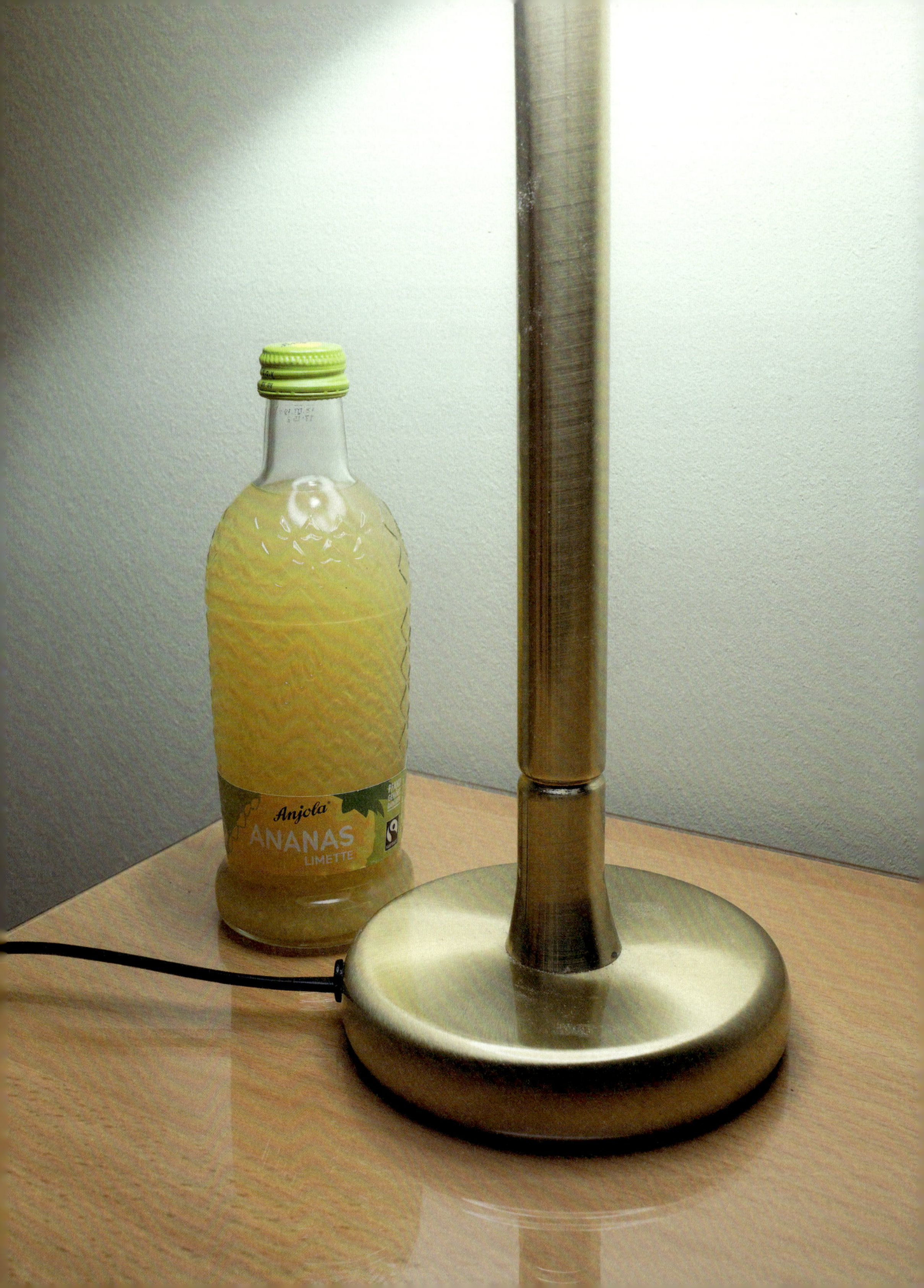
Anjola
ANANAS
LIMETTE

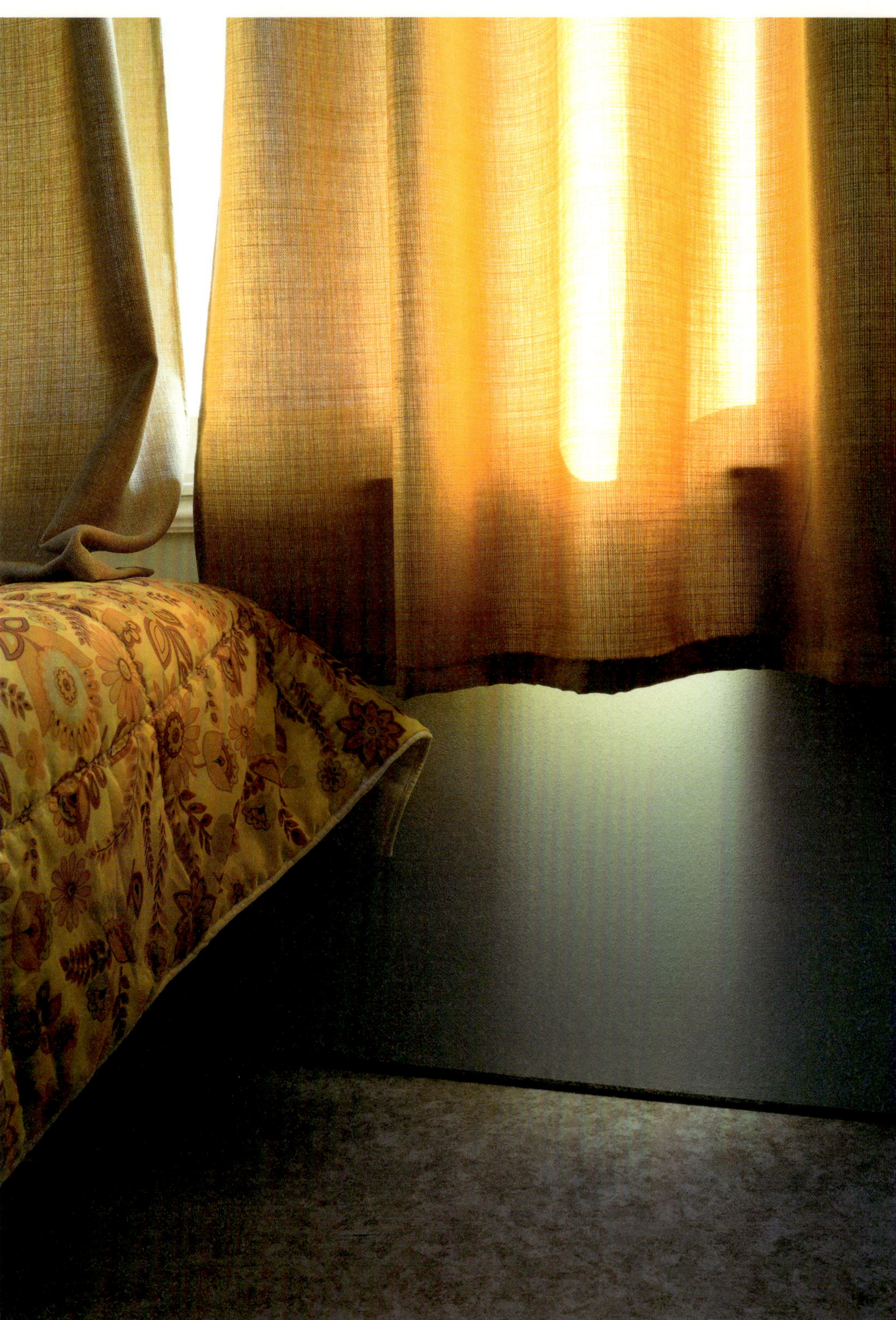

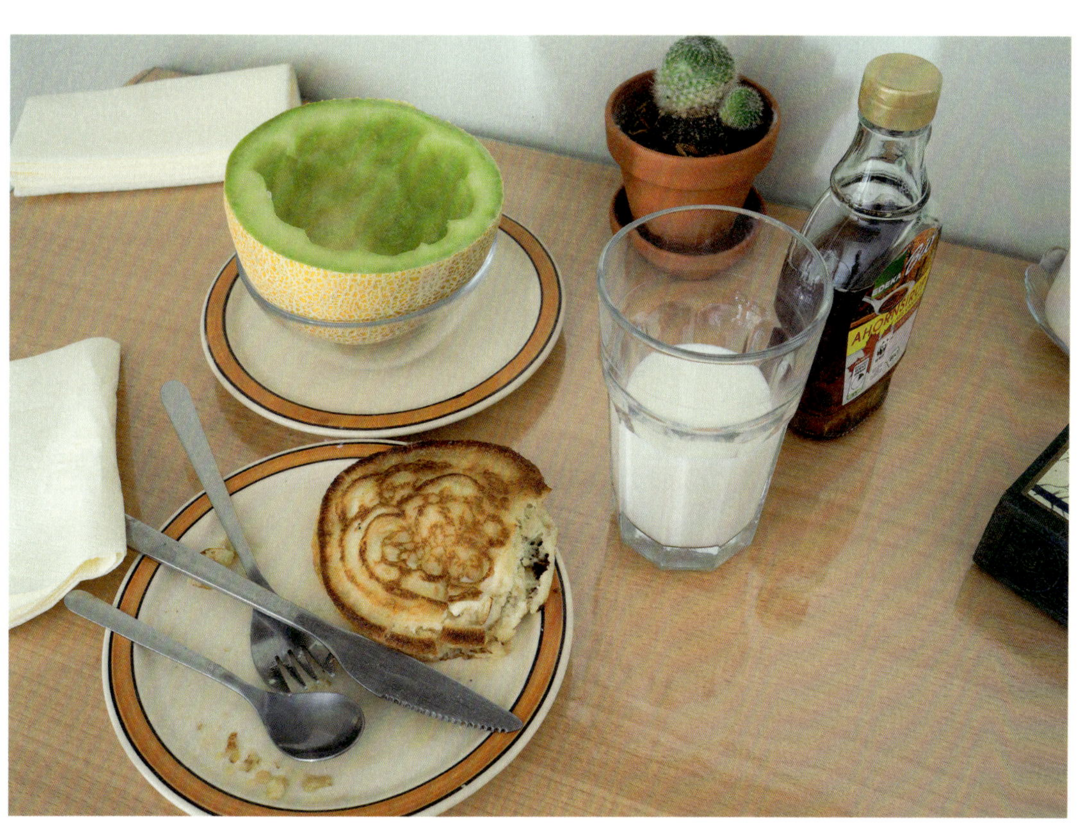

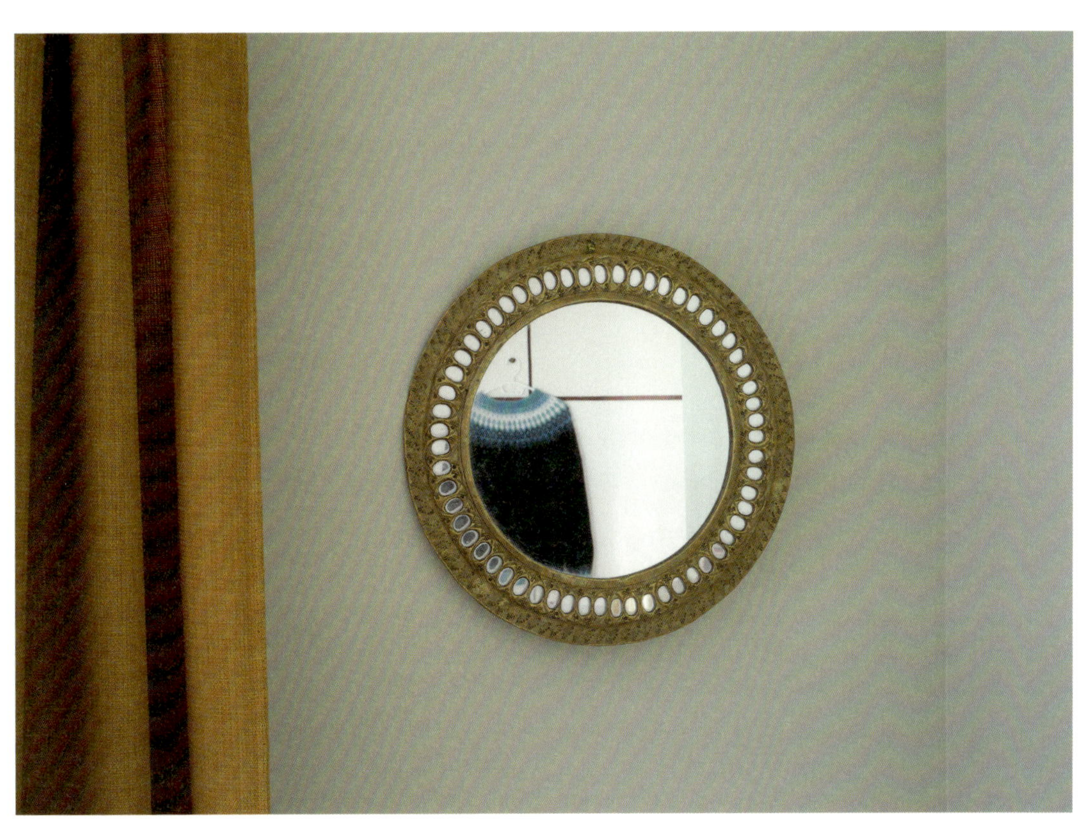

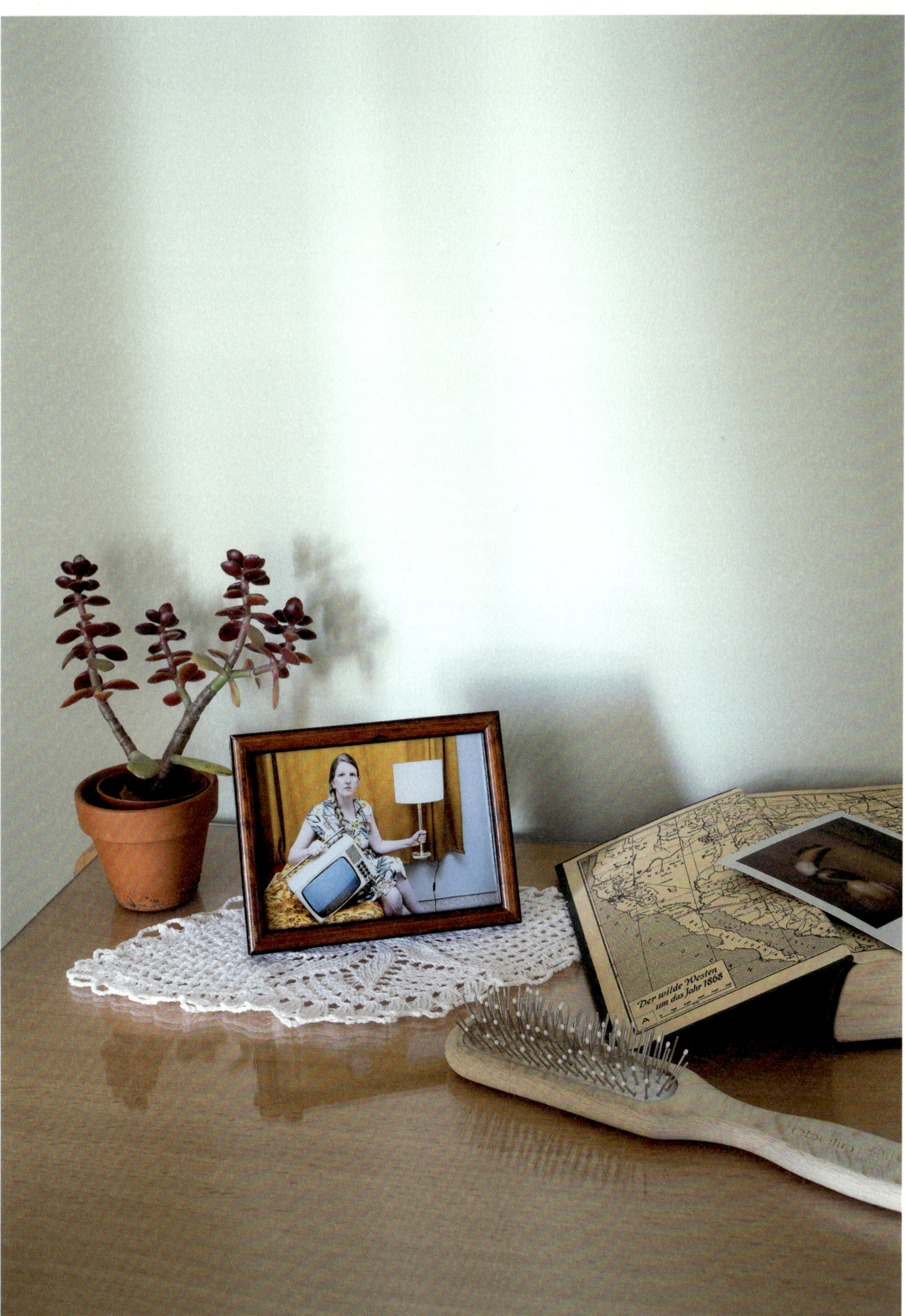
Der wilde Westen
um das Jahr 1868

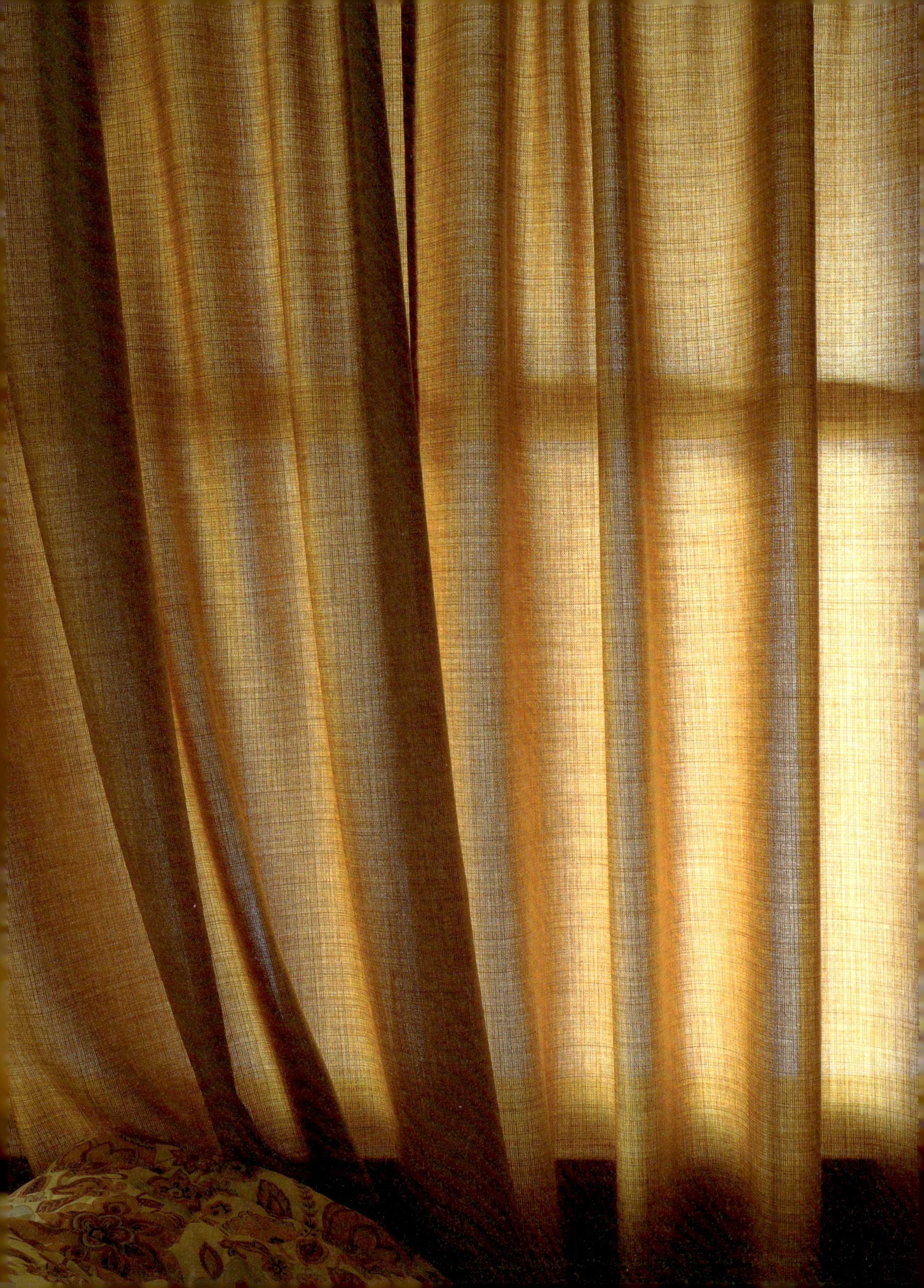

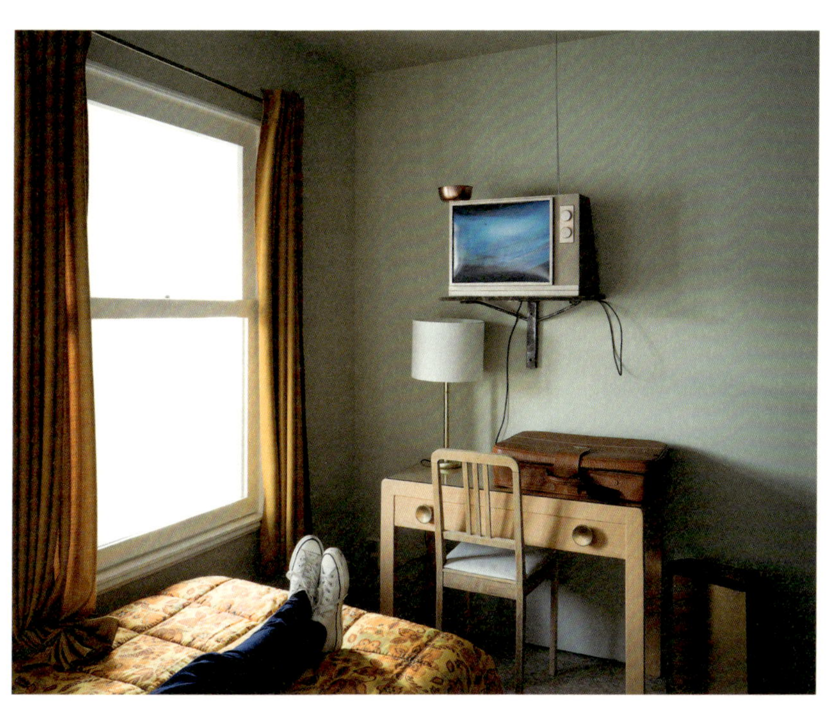